Parle !

EdiLivre.com

Anne O'Neem

Parle !

Recueil de Maux Versés

Éditions EDILIVRE APARIS
75008 Paris – 2009

www.edilivre.com

Edilivre Éditions APARIS
56, rue de Londres – 75008 Paris
Tel : 01 44 90 91 10 – Fax : 01 53 04 90 76 – mail : actualites@edilivre.com

ISBN : 978-2-8121-0861-7
Dépôt légal : Mai 2009

Sœur de la peur, je te salue !

Sœur de frayeur, pour toi j'écris. Car comme toi, je ne suis pas crue, oui, comme toi, on me maudit.

C'est pour ça que je pousse mes cris, c'est comme ça, que mes mots, je vomis.
Libérée de mes heurts, libérée de mes chaînes, enfin la santé et la vie me reviennent.

Même si quelques fois, me relire, je ne peux pas, vidée de la honte, c'est alors que j'affronte,
les jugements malveillants, les jugements bienveillants, le regard de mes enfants, et celui de tous ces gens…

À nue je me retrouve… Et qu'est-ce que ça me coûte ?
Quand soudain ma bouche s'ouvre, se soulèvent les doutes.

Quand on n'est pas coupable, à part d'avoir subit ; qu'est-ce qui est reprochable, à part d'avoir rien dit ?

Alors pour toi je parle, alors pour toi j'écris. Car toi tu es normale, c'est eux les abrutis.

Alors pour toi je parle, alors pour moi j'écris.
Mes maux s'envolent, enfin je survis.

Pour toi ma sœur, comme un vainqueur, je lève haut le poing, ton combat est le mien.

A'o N

Toujours droite !

A'o N

Féconde, ronde, originelle
Quoi qu'elle fasse, elle est belle.
Elle souffre, elle pleure, elle crie,
Elle donne la vie.

Elle soigne, elle protège, elle nourrit,
Blanches deviennent ses nuits.
Plus forte, invincible, elle se sent,
Dans le regard de son enfant.

La mère, l'épouse, l'amante,
Pour sa famille toujours battante.
Battante, battue, abattue,
Qu'il la frappe, jamais elle ne crut.

Comment peut-on lui manquer de respect ?
Comment, quand on dit aimer cette fée ?
Le crapaud veut salir sa colombe,
Colombe, qu'elle restera jusqu'à la tombe.

Sans elle, jamais il ne serait là,
Sans elle, il n'est rien ce scélérat.
Femme, ta force, ta beauté te font Reine,
Un jour, il faudra bien qu'il comprenne.

Femme, la femme, sa femme,
S'il te plaît, ne lui vend pas ton âme !
Quoi qu'il dise, reste-toi,
Quoi qu'il fasse, crois en toi.

Sa colère, sa jalousie, c'est ta Valeur
Ne cherche pas d'alibi, il n'a pas de cœur.
Droite, fière, brillante, rebelle,
Ne lui laisse plus jamais la part belle !

Pense à toi.
Garde la foi.
Nous les femmes, nous tes sœurs
Te rappelons ton droit au bonheur.

Tu vaux bien plus que lui,
Relève avec nous le défi.
Si tu as la rage, reste sage.
Nous sommes là, ne perds pas courage.

À plusieurs contre ce fou,
À plusieurs, on peut beaucoup.
Tu as le droit à la parole,
Montre lui que tu n'es pas folle.

Prouve que tu es à la hauteur,
Ton droit, c'est de vivre sans peur.
Viens nous dire,
Pour te reconstruire.

Toi la femme qui se meurt,
Viens, renais, à bas les censeurs !
Va vers le soleil,
Sors de ton tunnel.

Parle, à lui la honte !

Anéantie par la galère,
J'ai eu envie d'écrire…

Une évidence, c'est clair,
J'avais des choses à dire.

Ne pas pleurer des rivières,
Ne pas prendre le révolver.

Ne pas mourir, ni faire plaisir,
Ne plus subir, faut réagir !

A'o N

Femme, la femme, les femmes,…

Même si on l'aime bien à la Bastille,
Qu'elle se nomme Nini ou bien Bertille,
Elle vous saute au cou, ou vous cherche des poux,
Pour elle, vous chantez ces mots doux.

Qu'elle soit triste au coin de la rue là-bas,
Un peu spéciale ou bien célibataire,
Clara, Marguerite, Pauline, Elisa,
Aura toujours de quoi vous plaire.

Qu'elle voit la vie en rose, toute nue sur du satin,
Perdue dans sa mégalo, qu'elle soit des années 80,
La plus jolie des mythos, amoureuse d'un légionnaire,
Aura toujours de quoi vous satisfaire.

Au clair de ses silences, au clair de ses matins,
Elle vous fait voir l'amour, sous son meilleur jour.
Devenir l'ombre de son ombre, l'ombre de sa main,
L'ombre de son chien, la garder pour toujours…

Faisant du langoureux ou rêvant d'être bonne mère,
Femme, Femme, Femme, lagon d'inspiration.
Vous en faites des hommes, et aussi des pères
Femme, Femme, Femme, calice d'émotions.

A'o N

« Il n'y a pas d'autre bonheur que la paix. »

Proverbe thaï

Valentin, tu es vilain,
Valentin, passe ton chemin !

Où te caches-tu, mon beau Valentin ?
Depuis longtemps, je rêve de câlins.
Faut-il vraiment être belle ?
Pourquoi te fais-tu si cruel ?

Comme toutes les autres,
J'ai droit à l'amour.
Comme toutes les autres,
Être aimée un jour…

Prenant le temps de me regarder,
Ému, surpris, tu découvrirais,
Un volcan de tendresse et d'attention,
Une source inépuisable d'admiration.

Même différente pour tes yeux,
Rayonnante, exaucerais tes vœux.
D'ailleurs, dès lors je te pardonne,
Puisqu'il est vrai, tu n'es qu'un homme.

Cette année, aux autres semblables,
Fera de moi encore une misérable :
Voir les amoureux s'embrasser,
Me languir d'envie d'être enlacée…

Où te trouves-tu, mon doux Valentin ?
Viens contre moi, prends-moi la main.
Je m'abandonnerais à tes caresses,
Prête à croire, toutes tes promesses

Valentin ne me laisse plus seule dans mon coin.
Valentin, la vie est si courte, sois en certain.
Fais de moi ton amoureuse,
Fais de moi une heureuse !

Sans amertume pourtant,
Si jamais tu ne m'entends,
L'année prochaine, pleine d'espoir,
Je serais comblée de t'apercevoir.

Comme tous les ans, je patienterais.
Comme tous les ans, seule je serais.
Au fil du temps partiront les regrets :
Certes, tu ne devais pas me mériter…

Pauvre idiot, qu'est-ce que la beauté ?
Finalement, toi aussi tu es laid.
Scander de moi, voilà le « Thon » !
Te sacrant seul le roi des cons !

Laisse-moi vivre sans amour, vivre seule,
Mais respectée, à moi la dignité !

A'o N

« Les yeux échangent leur regard et les êtres existent. »

Proverbe chinois

« Celui qui vise à la perfection sera au-dessus de la médiocrité, mais celui qui vise à la médiocrité tombera plus bas encore. »

Proverbe chinois

L'amoureuse

Quand il a mal Gros, moi je le soigne.
Quand il a mal Gros, tout l'amour je lui témoigne.

Moi quand j'ai mal, Gros ne me donne pas ses bras.
Moi, quand j'ai mal, Gros ne me regarde pas.

Alors mon cœur saigne,
Mais toujours je l'aime.

Quand Gros il a mal, moi aussi j'ai mal.
Quand Gros il a mal, je perds les pédales.

Comme l'animal blessé, il reste prostré.
Il dit de moi, que je lui manque de respect.
Mais qui des deux est le mauvais ?
Trop d'amour, peut pousser à l'excès.

Alors finit les peines,
Même si nos cœurs saignent.
Les blessures se pansent à deux,
Surtout pour les amoureux.

Que Gros ait mal, moi je ne le veux pas,
Rêvant à jamais de le serrer contre moi.

Malgré qu'il dédaigne mes blessures,
Je l'admire et l'aime à la démesure.

Quand bien même, il me malmène…
Je l'aime, je l'aime, **je l'aime.**

A'o N

J'aime l'odeur de son corps,
Même si c'est un vrai porc,
Même s'il sent vraiment fort,
Moi je l'adore !

Pas du tout romantique,
Quand j'l'embrasse, ça chmique.

Même si ça sent la sueur,
J'aime tellement son odeur.
Le parfum de ses pieds,
Me tient toute éveillée.

Assurément pas du tout galant,
Quand j'l'embrasse, il pue des dents.

C'est vrai qu'il sent si fort,
Que parfois ça m'endort.
Un vrai tas de rats morts,
Pourtant c'est fou, c'que j'l'adore !

A'o N

La première fois,

La première fois que tu m'as prise dans tes bras,
Je n'y croyais pas.
Tu étais tout pour moi, je ne voulais que toi.

Toi le plus beau, le plus fort,
Pour t'avoir, j'aurais volé de l'or.
Alors la première fois que tu m'as prise contre toi,
Je n'y croyais pas.

Tu me voulais qu'à toi,
Jamais me partager.
Tu me voulais qu'à toi,
Et moi, j'étais comblée.

Dans tes bras, je me sentais belle, aimée et reconnue,
Je me sentais celle que tu voulais, une ingénue.

La première fois que tu m'as humiliée,
Je me suis dit : *c'est pas vrai...*

Toi le plus beau, le plus fort,
Tu ne pouvais pas me faire de tort.
Alors la première fois que tu m'as humiliée,
Je me suis dit : c'est pas vrai

Moi qui ne suis qu'à toi,
Pourquoi m'isoler ?
Moi qui ne suis qu'à toi,
Pourquoi me détester ?

Dans tes bras, maintenant, je me sens poubelle, blessée et abattue,
Je me sens celle que tu veux, une exclue.
Dans tes bras, contre toi, alors c'est l'effroi,
Remplie de question et de pourquoi ???

La première fois que tu m'as humiliée,
Je ne t'ai pas reconnu, ce n'était pas toi.

La première fois que tu m'as craché dessus,
Je n'y ai pas cru,… je n'y crois pas.

Toi le plus beau, toi mon trésor,
Tu ne peux pas,… pas sans remord.

La deuxième fois que tu m'as humiliée,
Je me suis dis : *il a changé,… il va changer…*
Moi qui ne vis que pour toi, je vais t'aider.
Moi qui n'existe que par toi, je vais te soulager.

Dans mes bras, je te soignerais, je te guérirais.
Grâce à moi tu ne souffriras plus, tu ne boiras plus.

Comme avant, je t'admirerais,
Comme avant, je t'aimerais.

Alors la troisième fois que tu m'as salie,
Tu avais raison, mais j'ai pas compris.
Ainsi, la quatrième fois que tu m'as piétinée,
Tu avais raison, sans doute, je le méritais.

Moi qui ne voulais que lui,
... Il me détruit ???!!!
... Moi qui ne voulais que lui,
... Il me trahit ???!!!

Mais dans tes bras, je voudrais encore y croire.
Pourtant tout contre toi, je broie du noir.

La première fois que tu m'as cognée,
Je me suis pensé : *c'est pas vrai, il peut changer...*

Toi qui me désirais tant,
Pourquoi me taper ?
Moi qui te rêvais tant,
Je ne l'ai pas cherché.

La dernière fois que tu m'as prise dans tes bras,
Mon corps était tout froid.

Toi le plus beau, le plus fort,
Toi mon mentor, tu y as été trop fort…

Avais-je raison ou tort ?

A'o N

« Tout désordre commence par le manque d'amour. »

Mo-Tseu

Comme un tour de magie raté, est ma vie près de toi. Comme un tour de magie dévoilé, je suis seule face à mon désarroi.

Notre vie de famille est parfaite. Chez nous, c'est souvent la fête : Etre entouré, être admiré, être apprécié, être le premier, c'est pour toi l'essentiel... Mais tout cela est-il bien réel ?

Le spectacle de notre vie, donne l'illusion du paradis. Mais qu'en est –il des coulisses,... crois-tu que là, on applaudisse ?
Sur la scène de nos jours heureux, le bonheur transpire, tout est fabuleux.
Derrière le rideau, rien de rose... Les projecteurs éteints, tout explose !
Toi le maître de cérémonie, entre tes mains, tu tiens nos vies. Tu fais de nous des apeurés, nous reprochant presque d'exister.

Comment ne pas croire à la Féerie ? Tu t'ais fait partout des amis :
Des notables, des fonctionnaires, des relations dont tu es si fier...
Des médecins, des gendarmes, comment veux-tu qu'ils te condamnent ???

Comme un tour de magie raté, je voudrais souffler le secret. Mais si jamais je le tentais, le monde contre moi tu retournerais.
Et je suis si Seule, qui pourrait savoir ? Et je suis si Seule, qui pourrait me croire ?

En construisant cette vie faussée, tu as réussi à m'emprisonner… Je n'ose même plus me regarder, j'ai trop la crainte de me dégoûter.
Et je suis si Seule, je voudrais partir… Et je suis Si seule, je voudrais mourir.

Pourtant tout ce monde autour de nous, croit qu'on s'aime comme des fous.
Toute cette foule autour de nous, et moi je saigne et elle s'en fout !

Pour protéger mes touts petits, te cautionnant, pour eux j'ai menti. Offrant ces minutes d'apparence, forteresse de leur enfance.
Tu t'ais fait partout des amis, bien placés, très réputés. Comme ça, si un jour, je m'enfuis, je serais très vite rattrapée.
Je suis si Seule et affolée. Je suis si Seule, qui peut m'aider ?

Comme un tour de magie raté, je me sens parfois dénudée. Comme un tour de magie dévoilé, ma vie près de toi est ratée.

Nous traitant bien moins que tes chiens, tu es le Diable, pas Magicien !

A'o N

À taper dans la bute du désir,
Tu as fini par réussir, à tout démolir.

Je ne voyais que toi, je n'aimais que toi.

À taper dans la bute du désir,
Tu as fini par réussir, à me faire vomir.

Je ne voulais que toi, je ne croyais qu'en toi.

À taper dans la bute du désir,
Tu as pris plaisir à me salir.

Je ne vivais que pour toi, je n'existais que par toi.

À taper dans la bute du désir,
Tu as fini par réussir, à me détruire.

Peux-tu me dire pourquoi, pourquoi tu m'as fait ça ?

À taper dans la bute du désir,
Tu as fini par réussir, à m'avilir.

Serais-tu fier de toi, fier de ce résultat ?

À taper dans la bute du désir,
Tu as pris plaisir, à me trahir.

Alors tu te sens Roi, mais Roi de quoi ?

A'o N

Pourquoi tu deviens fou ?
Y a pas la mort au bout.
C'est juste un manque de sous.
Ta solution, les coups ?

Tu me dis responsable.
Toi, t'es jamais coupable.
Tu refuses d'avoir tort,
Et cris toujours plus fort.

Belle opération :
Détourner les soupçons !
Beau climat de tension :
« Fais monter la pression ! »

Maître de l'auto culpabilisation,
Maître, tu as toujours raison.
Alors c'est moi que tu accuses,
Et sur moi que les coups fusent.

À force de m'asservir,
À force de m'endormir,
De me conditionner,
Je tombe terrassée.

A'o N

Tu dis que je suis trop jalouse.
Mais si tu me disais « je t'aime »,
Je n'aurais plus jamais le blues.
De ton amour, serais certaine.

Pourtant comme une chasse gardée,
Dans ta prison, tu m'as enfermée.
Pour me maîtriser, me manipuler,
Pour me déstabiliser, me ridiculiser.

Culpabilisateur, Destructeur,
Dissimulateur, le pire des menteurs,
Tu es le plus beau, le roi des machos ;
Véritable zéro, responsable de mes maux.

A'o N

« Si la haine répond à la haine, comment la haine fera-t-elle ?
C'est le pardon qui doit y mettre fin. »

Proverbe Shintô

Frissonnant sous tes mains,
Chair de poule sur mes seins,
Tout mon corps te suppliait,
Mes duvets étaient mouillés.

C'est à toi que j'ai voulu m'offrir.
C'est à toi que j'ai voulu ouvrir
L'intérieur de mes cuisses,
Pour que là, tu t'enfuisses.

C'était bien avant que je m'enfuisse,
Bien avant que tes mains glissent
Vers des gestes moins câlins,
Sur ma peau… coups de poing.

Vomissant dans mes mains,
Coup de boule pour un rien.
Tout mon corps, t'as broyé,
Ma culotte, j'ai souillée.

C'est à toi que je dois de souffrir,
C'est à toi que je dois de partir,
Vers des cieux plus propices,
Sur une île protectrice.

A'o N

« La fatalité triomphe dès que l'on croit en elle. »

Simone de Beauvoir

Je vous assure,
Oui, je vous jure :
À vingt ans, j'étais la plus belle…

Vous promenant dans la rue, vous m'auriez aperçue,
Et vous ne l'auriez pas cru,… vous ne m'auriez pas reconnue :
À vingt ans, toute fine, toute légère, toute souriante, une vraie battante…
Lui le loup et moi la bergère, j'étais une vaillante, une militante.

Tous n'avaient d'yeux que pour moi. Pas un ne me regardaient sans dire :
« Quel soleil ! C'est elle que je désire,… La petite Miss, vient… je serais ton Roi ! »

Ma taille, c'était trente huit, voire même trente six.
Ma ceinture très réduite, et vous admiratrice,
Très certainement jalouse, de me voir dans cette blouse…
Vous me pensez menteuse, le regard prend la fuite…
Pourtant j'étais heureuse, mais voilà, vous vous dites :
Pourquoi avoir changée, et me laisser aller ???

Marquée par la vie, marquée par les ans, matraquée par lui, frappée par le temps,

Comment aujourd'hui, avec mes quarante ans, pleine de soucis, je vais de l'avant ?

Dans mon corps, je me sentais bien, pas besoin d'effort pour être Quelqu'un.
Après le mariage, j'ai perdu courage. Fini la légèreté, les sourires, *terminé !*
Toute dégoulinante, je n'étais pas brillante.

À force de pleurer, envolée ma beauté. Plus il me méprisait, plus je me détestais.
Une phobie de la foule, je suis devenue boule.
Maintenant j'ai peur de la glace, que m'est-il donc arrivé ? Pourquoi cette carapace, je me suis donnée ?

Envie de lui faire plaisir, envie de devenir, ce que lui a voulu : Que je ne plaise plus.
Pourquoi lui faire cette joie ? Pourquoi lui donner ce droit ?

À quarante ans, j'en fais soixante… À quarante ans, bien loin l'adolescente.
D'où me vient ce physique, me faudrait-il un déclic ?

Ordure, Raclure, Enflure, tout ça pour ma figure : « Bonne à rien, tu ne ressembles à Rien, tu n'es RIEN !
Tu veux l'amour, Cochon mort ? Non mais, t'as vu ton corps ?!! »
Le sourire du bonheur ? Grimace de terreur. Qu'est-il donc arrivé, je n'suis plus sa poupée ?
Ne serais-je pas complice, entretenant son vice ? On regarde les fées, mais pas les vaches à lait.

Je vous assure, Oh Oui, je vous jure : À quarante ans, il faut que je me rebelle…

Ne plus lui donner le plaisir, d'être sa poubelle, redécouvrir le désir, d'être de nouveau celle,
Telle une princesse, telle une déesse, la reine la plus divine : La mère, l'amante, la maîtresse. Encore sexy, jolie : une héroïne…

Car même une vache à lait, est remplie de beauté. Car bien sur le plus laid, c'est lui en vérité.

Trente-huit, quarante-huit ou même cinquante-huit,… je n'ai pas le droit de prendre la fuite.
Même si cette grosseur, ce manque de rigueur, me viennent de mes douleurs, je DOIS lui faire peur :
Ne pas lui faire plaisir et me maquiller. De nouveau réagir pour le déstabiliser.
De là me viendra l'envie de ne plus jamais être RIEN.
D'être à nouveau jolie, affronter le destin.

À quarante ans la vie m'appartient ! À quarante ans je suis la plus Belle !!!

A'o N

« De votre ami dites du bien ; de votre ennemi, ne dites rien. »

Proverbe anglais

Pleine d’amertume, dans ma camisole
J’étais un légume, je n’étais pas folle.

Pas du même pays, mais pourtant amie,
Tu m’as observée, et voulu m’aider.

Prisonnière médicamenteuse, ma vie c’était la peur.
Je n’étais pas une menteuse, je t’ai vu comme une sœur.

Tu le trouvais beau, avec aucun défaut.
Il avait tout pour lui, mais surtout la folie.

Devenue polonaise, soutenue par toi,
Envolés mes malaises, je retrouvais la foi.

Tous ces repas partagés, tout cet amour donné,
Pour moi tu étais reine, je t’ai faite marraine.

Toujours en beau parleur, lors de ma première fuite,
Ce manipulateur, c’est lui qui m’a détruite.

Pour toi le seul hic, n’était que le physique,
Alors qu’un tsunami, grondait sous le vernis.

Alors tu n’as rien vu, alors tu n’as rien su.

Juste par fierté, tu n’as rien compris,
Déçue d’être trompée, c’est lui que t’as choisi.

Je te devais la vie, mais tu m’as trahie.

A’o N

Sœur

J'avais le cœur gros,
Il faisait froid,
Tu m'as donné un manteau,
Et dit : repose-toi sur moi…

Tu parlais de faire des grandes choses ensemble.
Tu disais : « ça y est, j'ai trouvé la personne qui sait,
La personne qui ressent, ce que je ressens ».

Sœur de souffrance,
Sœur victime de violence,

Pourquoi tout à coup décider de me fuir,
Tout abandonner, tout laisser tomber,
Dire d'oublier, enterré le passé !
Reconstruire, se tourner vers l'avenir ?

Sœur de cœur,
Sœur de la peur,

Comme toi d'avance, fuyant les dérives,
Comme toi, j'avance, quoiqu'il arrive.
Comme toi, de l'autre côté de la rive,
Comme toi, il faudra que j'y survive.

Sœur témoin,
Sœur de soutien,

Tu as refusé d'assumer, de voir qu'on se ressemble
Le dos tourné à la réalité, à la personne qui sait,
La personne qui pressent et connaît ce que tu ressens.

Sœur de désespoir,
Sœur il faut croire,

Ce n'est pas en maquillant tes cicatrices,
Que viendra la félicité salvatrice.
Pas assez convenable, tu m'as trouvée.
Je voulais, pourtant, juste partager tes plaies.

Sœur, c'est sûr jamais je ne serais.
Sœur, de crainte, comme eux tu fais.
Fermer les yeux, refuser le miroir,
N'effacera rien de ta mémoire.

A'o N

« Tant que tu ne peux pardonner à autrui d'être différent de toi, tu es encore bien loin du chemin de la sagesse. »

Proverbe chinois

Pour maman, le monde est Beau.
In utero, je fais dodo…
Maintenant, elle existe ;
Elle va donner la vie.
Aujourd'hui, on la regarde ;
C'est fou ce qu'elle est jolie.

In utero dans ma bulle protectrice,
Bien à l'abri doucement je grandis.
Mois par mois, je prends du poids.
Calmement j'attends l'instant propice,
Encore quelques semaines et je s'serais là.
Mais du dehors, j'entends des cris…

Je bouge déjà au son de la voix,
J'entends souvent celle de papa.
Dites-moi pourquoi à chaque fois,
C'est la panique, tout qui s'agite ???
Le corps de maman tremble d'effroi.
Branle bas de combat, son cœur palpite.

Tout devient aigre, son sang, vinaigre.
Tout se dérègle : y a plus de règles.
Dans quelques jours, je serais là ;

Mais sans réponse à mes pourquoi :
Papa protecteur, papa menteur.
Papa destructeur, tu nous fais peur.

Lentement s'installe quand même la vie.
Pourtant, j'ai pas choisi, et pas du tout envie,
De savoir à quoi tu ressembles,
D'avance, s'en raidissent mes membres.
Ses souffrances, ce sont mes souffrances.
Beau cadeau, beau souvenir d'enfance !

C'est pourtant à toi que je devrais la vie,
Mais je ne te dirais pas de merci.
M'accueillir dans ce monde de frayeurs,
Et tu veux que j'crois au bonheur ?!!
Qu'a-t-elle donc fait de si mauvais ?
Es-tu certain que tu devais ???

In utero dans ma bulle protectrice,
Bien à l'abri, je réfléchis…

Pour l'instant, petit et fragile,
Profite bien, pauvre imbécile,
Car je te jure que grandissant,
Face à toi, je m'ferais géant.
Juste pour elle, je serais fort.
Son bouclier, sera mon corps.

Par ta faute, elle détestera sa vie.
Se faire jolie, elle ne voudra plus,
Elle sera tellement abattue.
Comme ça, Fou, tu auras réussi,
À faire de nous les vrais coupables,
Manipulateur, irresponsable.

S’il faut, je te tuerais bourreau.
T’es pas mon père, rien qu’un salaud.
L’innocent ne sera plus moi,
Innocent, Toi, tu plaideras.

Jamais je ne t’appellerais papa.
Porter ton nom, je ne veux pas.
In utero dans ma bulle nourrice,
Me croyant à l’abri, déjà je survis…

Pour maman le monde devrait être beau.
Elle m’attend, moi son petit héros.
Pour le moment, elle est si triste.
Et toi heureux, sal égoïste.
Profiter de sa fragilité,
Quelle bravoure ! Quelle supériorité !

Devenir comme toi, mais quelle honte !
Un jour, faudra que je te montre,
À quel point tu es méprisable,
Si fier de toi, abominable.
À quel point, elle est honorable
Autant que tu es un minable.

In utero, dans ma bulle protectrice,
Recroquevillé, dès lors je subis…

A’o N

Heureuse malgré vous

Prends une feuille de papier, fais en une boule et écrase la fermement dans ton poing.
Serre bien fort, assez longtemps pour qu'elle ne s'ouvre pas quand tu ouvriras la main.
Puis déplie la rapidement, essaye de lui redonner forme.
Elle est foutue tu penses ? Toi tu n'écris rien dessus ? Tu t'en servirais juste pour les toilettes.

Mais la feuille s'est envolée, elle tente le tout pour le tout, pour essayer d'exister à nouveau, sans jamais pouvoir être ce qu'elle était avant qu'une main ne l'écrase et malgré la douleur de ses plis.

Sa chance ?… Tomber dans les mains d'enfants intelligents, qui ne prêtent pas attention à ce qu'on pense de ce chiffon. Car ils savent que ce n'est pas parce qu'on l'a détruite et méprisée, qu'on ne peut plus lui écrire dessus des mots d'amour, ou de reconnaissances.

Elle dénote ?…
Elle n'entre pas dans le moule des feuilles bien lisses, bien propres et bien rangées ?
Ses plis font d'elle sa différence. Les a-t-elle souhaités ? Pourquoi l'a-t-on écrasée ?… Sûrement qu'elle le méritait !

Ses plis font d'elle sa force, parce qu'elle, elle n'est pas prête de se laisser caresser par une main. Elle a compris tard, mais compris enfin, tout ce dont une main, même se disant bienveillante, peut faire.

Les enfants l'ont mise dans un cadre et l'admirent malgré elle. Et n'en déplaise à certains. Elle est pour eux la preuve qu'on peut être toute blanche par la volonté de qui veut, mais aussi noircie et jetée, sans raison, par la volonté de ceux là.

Je suis la feuille, heureuse de l'être.
Toi aussi tu es une feuille de papier ! Refuser de voir la main, c'est ton droit.

À mon père.
A'o N.

Agresseur, Manipulateur,
Hystérique, je ne suis pas.

Calculateur, Provocateur,
Cette image je te la dois.

Faut résister, rester calme,
Ne pas répondre, ni faire de drame.

Rester digne, pas de tempête,
Plus grande pour toi sera ta défaite !

A'o N

Respecter pour être aimé

Quand il fait un cadeau,
Son cher ami Bruno,
Ne veut pas de merci,
Seulement sauter Kathy.

Qu'a-t-il donc dans la tête ?
À part une quéquette…
Évoluera-t-il un jour,
Sera-t-il moins lourd ?

Si il veut être aimé,
Il lui faudra changer.
Etre moins possessif,
Sortir de son calcif,
Toutes ses idées tordues,
Qui tournent autour du cul.

Pour être aimé il faut,
Très cher ami Bruno,
S'oublier et donner,
Mais rien que du Respect.

A'o N

Si je pars, je gâche ta vie…
En tout cas, c'est-ce que tu dis.

Et si je reste, que deviendra la mienne ?

Tu ne vis que pour toi,
Plus égoïste, qu'un égoïste.

Tu ne penses qu'à toi,
Vivant toujours juste en soliste.

Si je reste, que crois-tu que je devienne ?

A'o N

Me sentant prise au piège, telle est ma douleur.
Une boule au ventre logée, mon corps couvert de sueur.

Je sais que tu es deux, mais souvent je ne veux,
L'admettre, reconnaître, l'une ou l'autre des facettes.

Tu sais me faire plaisir, me couvrant de cadeaux.
Comme un très grand Messire, tu m'offres des châteaux.

Tu sais me faire souffrir, me prenant de très haut.
Comme j'en deviens martyre, tu m'trouves tous les défauts.

Croyant à notre histoire, conservant un espoir,
Qu'un jour tu changeras, seras simplement toi.

Mais voilà, le temps passe ; je me sens dans une nasse.
Car le mauvais des deux, prends de plus en plus de place.

Tu sais me faire plaisir, tu sais me faire souffrir.
Ta longue observation, t'offre ma destruction.

Chat, tu joues avec moi. Chat, jusqu'où tu iras ?

A'o N

À l'époque des boutons d'or, je rêvais très fort.
La tête remplie de trésors, de princesses…
Croyant vraiment aux promesses.
Les yeux rivés sur les papillons,
J'apprenais mes leçons.

À l'époque des liserons, les retournant en jupons,
Mes rêves étaient profonds…
Valsants, virevoltants, légers comme le vent,
Tout comme au temps, des grands bals d'antan.

À l'époque des marguerites, mes rêves s'effritent,
Et je comprends bien vite, qu'aimer à la folie,
N'est pas toujours gratuit.
Aimer passera bien vite, car c'est pas pour la vie.

À l'époque des coquelicots, les rêves me font défaut.
Je suis dans un château, j'ai besoin de repos…
Un peu beaucoup, à la folie,
On me parle de maladie.
Beaucoup de non-dits, secrets médicaux…

À l'époque des roses, rêver encore je n'ose
Faut dire que j'ai eu ma dose…
Dépendante affective, partie à la dérive,
Vers une reconnaissance… fictive.

À l'époque des tulipes, ça y est, je flippe.
Me casser la pipe, je ne le ferais pas.
Trop heureux qu'j' le délivre, de son Non Droit.
Trop heureux, et il aurait de quoi.

À l'époque des colchiques, c'est la panique.
Mes gestes sont mécaniques.
Finis les rêves, ne plus croire aux promesses,
Il me faut faire vite, car le temps presse.

À l'époque des chrysanthèmes,
Plus question de je t'aime.
Car s'est installée la haine.
Il rêve que je revienne, (*qu'il rêve, qu'il crève).*
Le pouvoir, faudrait que je reprenne…

À l'époque des sapins, plus rien ne me retient.
Je fonce vers demain.
Me reprenant en main, tout à coup, je vais bien.
À l'époque des sapins, je construis mon destin…

Le temps passe si vite, et bien trop vite ! Ne pas prendre la fuite, surtout pas tout de suite.
***Mais préparer** mon départ, me préparer à l'après, me donnerons l'espoir et la force d'exister.*

A'o N

« Marche en harmonie avec l'univers tout en étant en harmonie avec ce que tu es. »

Proverbe navajo

« Un sourire coûte moins cher que l'électricité, mais il donne autant de lumière. »

L'Abbé Pierre

« Un tison isolé ne brûle pas. »

Proverbe catalan

Sœur, je crois en toi.
Sœur, je ne suis pas la seule.

Regarde autour de toi.
Regarde bien et tu verras.

Relève la tête, sois fière de toi.
Fière de ton combat.

Fière, et reste toi.

À lui la honte !

A'o N

Oui, j'ai vécu l'enfer, j'ai vécu retranchée.
Mais qu'est-ce qu'il fallait faire ? J'étais terrorisée.
Véritable cauchemar, tout partait en pétard.
Rien que des explosions, rien que d' la destruction.

Dés qu'il m'ordonnait, dès lors j'obéissais.
Véritable soldat, dire non, je n'pouvais pas.
Malgré ces pluies d'obus, j'ai voulu m'échapper.
Voulu abandonner, ce poste sans issue.

Ma première évasion m'a conduite en prison.
Rattrapée dite folle, fusillée, camisole.
Marre de vivre dans la boue, de toujours prendre des coups,
Surtout la deuxième fois, échouer, il fallait pas.

Mais encore déserter, implique des conséquences,
Pourtant j'ai mérité de moins d'indifférences.
Car devenue témoin, pour ne plus jamais ça,
Des coups j'en prends pas moins, car voir on ne veut pas.

Je lève le poing bien haut, comme tenant le flambeau,
En mémoire d'mon grand père, victime de la grande guerre.
Ce soldat inconnu, sa flamme j'ai tenue.
Des larmes j'ai versées, en courant le relais.

J'en livre des batailles, mais comme je sors du rail,
Bondissant d'ma tranchée, sur moi on aime tirer.
J'en livre des batailles, mais suis fétu de paille,
Bravant tous les dangers, facile de me tuer.

Tous les jours, j'ai des sœurs, vivant, crevant de peur.
Tous les jours, elles succombent, silencieuses dans leur tombe.
Et pourquoi historique, un mort est touristique ?
Et pourquoi moi témoin, on rêve de me voir loin ?

A'o N

« Je n'ai rien à me reprocher, je n'ai ni volé, ni tué, je n'ai sali la réputation ni l'honneur de personne. Je puis marcher la tête haute. »

(Dernière lettre à sa femme de Théophile MAUPAS, un des quatre caporaux de SOUAIN, fusillés pour l'exemple, le 16 mars 1915.)

Le potentiel du témoin

Lorsque l'on a couché avec l'ennemi pour nourrir ses enfants :

– Qui peut nous faire peur, qui peut nous arrêter ???

– Qu'on nous coupe les cheveux ou la tête ?!!!…

… Les humiliations, c'est notre quotidien !!!

– Qu'on nous abatte ?!! Etre kamikaze, c'est notre salut !

… Alors pour toi je parle, alors pour toi j'écris. Car toi tu es normale, c'est eux les abrutis.

… Alors pour toi je parle, alors pour moi j'écris.

Mes maux s'envolent, et enfin je survie.

Pour toi ma sœur, comme un vainqueur,

Pour toi le poing, je lève haut…

Ton combat, c'est le mien ; terminé le fléau.

À bas les manipulateurs, à bas les censeurs.

Maintenant il est l'heure, à eux de connaître la terreur !

Cet ouvrage a été composé par Edilivre
56, rue de Londres – 75008 Paris
www.edilivre.com

Tous nos livres sont imprimés
dans les règles environnementales les plus strictes

Imprimé en France, 2009
Dépôt légal : Mai 2009.